AF562321

PREMIÈRES OMBRES

DE

LA BARBARIE.

Les barbares qui menacent la société ne sont point au Caucase; ils sont dans les faubourgs de nos villes manufacturières. (*Débats*, 6 décembre 1831.)

Les barbares qui menacent la société ne sont point en Écosse; ils sont dans les quartiers de l'olygarchie, de l'agiocratie. (*Les vrais barbares*, 12 décembre 1831.)

PARIS,

A. PIHAN DE LA FOREST, IMPRIMEUR,

RUE DES NOYERS, N° 37.

1836.

MOEURS POLITIQUES, par ALEXIS DUMESNIL.

Tel est le titre d'un livre publié en 1834, où est rendu le tableau moral de la France, avec l'élan du sentiment, le nerf du caractère.

Et il a été à peine lu, et il n'en a point été parlé : tant en ce siècle, au lieu des Renaud du vieux temps, il ne se rencontre que des gens qui frémissent d'aborder du regard le miroir d'Ubalde, dont un simple reflet, à l'instar de la tête de Méduse, ne manquerait pas de les pétrifier sur l'heure.

Cet écrit a emprunté le titre d'un chapitre du précieux livre, et se compose de passages pris çà et là, où sauf quelques ratures, il n'a été opéré aucun changement, bien que les opinions politiques soient en dissonance.

Un avant propos y est annexé.

Il a pour objet de présenter, non pas un spécifique curatif, car la gangrène a gagné jusqu'à la moelle des os, et seulement quelque faible palliatif qui calme les symptômes, qui ajourne peut-être ou du moins adoucisse la crise de dissolution.

Que si cet écrit, l'avant-dernier peut-être qui ait à s'échapper d'une plume, à la fois épuisée par les feux dévorans de l'ame et enchaînée par les glaces accroissantes de l'âge, au contraire de tant d'autres écrits, lancés pleins de vie à la lumière du jour et frappés de mort au souffle des temps, était doué de passer sous l'œil troublé, de percer à l'esprit bouché, de pénétrer au cœur blasé, certes, et cela est dit sans aucune réserve, les hommages, les mérites, en seront rapportés seulement à l'ouvrage remarquable au degré le plus éminent qui le couvrit de sa puissante égide, qui l'éclaira de son brillant flambeau.

Veuillent mille fois les destins de la France! ainsi sortant des voies de perdition, ainsi rentrant au sentier de rénovation, ainsi marquant presque hors de la portée de vue, le point de salut.

AVANT-PROPOS.

Que le roi ne soit plus roi : douleurs sans terme, sans pause, sans borne !

Douleurs pures, n'étant entachées ni du remords d'avoir jamais agi dans son intérêt, ni du reproche d'avoir manqué à dire toutes les vérités.

Douleurs nobles, étant fondées sur le dommage subi par la civilisation morale, sur le mécompte des espérances du vrai progrès.

Douleurs personnelles, étant doublées par la perte de l'existence brillante de ses petits-fils, et par la ruine des chances d'une indemnité pour la spoliation de sa fortune.

Douleurs, sous ces trois rapports, incomparables à aucunes autres, transcendantes au-dessus de toutes autres.

Cependant, Dieu pouvait faire que ce qui est, ne fût pas, et Dieu ne peut faire que ce qui est, ne soit pas.

Advenu à tort ou à raison, ce qui est devient une cause aussitôt sa naissance, demeure une cause pendant sa durée, d'où émanent incessamment et progressivement des effets d'une consistance réelle, d'une influence effective.

N'importe quel soit le genre de la cause, n'importe que ce qui est, ne soit pas légitime d'origine, de même les effets sont doués de l'existence et reçoivent le principe d'action, exercent le pouvoir de réaction.

Si cela se peut, qu'on mette à néant la cause, qu'on fasse que ce qui est, ne soit plus.

Mais jusque-là, que les effets ne soient pas aggravés, exagérés par des attaques malencontreuses.

Même, comme les effets sont funestes en raison de ce que la cause était illicite, c'est en cette raison aussi que le scrupule doit retenir d'autant.

Dans l'ordre matériel, les effets *dommageux* se réparent ou se supportent, étant comme en dehors, en appendice de l'être; mais dans l'ordre moral, ils ne peuvent être réparés quant à l'être, ni être supportés par la société.

La gangrène de l'immoralité est incurable dans celui-là, intolérable pour celle-ci : si l'un est dissolu à un certain degré, l'autre est dissoute avant peu.

Pour lors, deux miracles seraient à implorer du ciel : le premier, assez commun à rencontrer dans l'histoire du monde, qu'après un certain temps d'épreuve, d'expiation, la bonne cause l'emporte sur la mauvaise cause qui l'avait supplantée; le second, encore inoui aux fastes de l'humanité, que les effets rebroussent aussitôt dans un autre sens, dans le sens ancien, et que l'être se régénère à l'unisson de la société qui est restaurée.

C'est-à-dire, que suivant les éternelles lois, l'ordre politique est sujet à alterner sans cesse, à tourner comme sur un pivot, à se montrer sous telle et telle face opposée : au lieu que l'ordre moral est frappé de ce type, qu'il gagne dans le repos et perd au mouvement, qu'il s'améliore lentement et décline rapidement.

Or, si tel est l'objet favori des vœux, qu'on se félicite et même qu'on se glorifie comme y ayant fortement participé, l'ère de la dissolution sociale est rendue à l'une de ses dernières phases, à l'extrême phase, ce semble : tant elle suit de près la dissolution morale.

Et le pays tombe en l'abîme; et le prince y tombe aussi.

Et peut-être un autre prince revient : et certes un autre pays ne revient pas.

Et la race à régner, d'autant qu'elle est pure, se trouve incompatible avec l'espèce à gouverner.

L'autorité est rebutée par les habitudes, n'est point accueillie par les sentimens.

La moralité, œuvre d'alliance entre la bonne foi et le bon sens, n'existe plus pour requérir, ni agréer, ni même concevoir les actes à émaner d'une telle source.

Le pays étant comme défoncé moralement, mentalement, à son retour, le prince ne peut s'y implanter, y tenir.

Ainsi, mettant à l'écart ses vœux, remettant au temps ses

espoirs, il y a à prendre pour la ligne du devoir, que l'ordre moral est prééminent, comme il est préexistant à l'ordre politique.

D'où, en revenant sur le passé, l'ordre politique était à conserver au moyen de l'ordre moral; et, en s'élançant dans l'avenir, l'ordre politique n'est à rétablir qu'à l'aide de l'ordre moral.

Pour l'instant, c'est la seule besogne; qu'on fasse un pays, ou qu'on laisse faire et même qu'on aide à faire un pays de louable comportance.

Or un seul outil est apte à une telle œuvre.

Comment a-t-il été façonné? est-il bien ou mal fabriqué? La question est oiseuse dès-lors qu'il n'y a pas de choix.

Il y a une œuvre : il n'est qu'un outil.

Laissons cette image peu agréable d'un bord ni de l'autre, et pourtant si vraie; car selon la loi providentielle, manifestement le prince est l'outil institué pour l'œuvre.

Ce caractère n'appartient pas au prince de droit, d'autant que l'œuvre est hors de sa main, et n'appartient qu'au prince de fait attendu que l'œuvre est sous sa main.

C'est à la restauration politique de ramener le premier : c'est au second à amener la restauration morale.

Même, comme celle-ci doit précéder celle-là, ici se rencontre cette étrangeté radicale, que le prince de fait est seul appelé à rendre frayables les voies de retour pour le prince de droit.

Si ce risque fort éventuel, qui est plus que balancé par les risques imminens, ne le retient pas, il y a donc à lui porter aide et du moins à ne pas lui opposer obstacle.

Voilà comme la conscience de l'honneur privé, remise en pleine quiétude, est enfin ralliée à la conscience du devoir public.

Il y a, non pas, ce qu'à Dieu ne plaise, à servir le prince, en vue de l'intérêt ou de soi ou de lui, mais en vue de l'intérêt de tous.

Il y a, pour parler plus juste, non pas à servir le prince

comme étant un but, mais à se servir du prince comme étant un moyen.

Autrement, sans doute, on nuit au prince de fait, déjà penchant vers l'abîme : et sans doute aussi, on nuit au prince de droit, enfin remontant vers le faîte.

Le mal tantôt choit d'en haut et tantôt jaillit d'en bas ; le bien ne s'épand que d'en haut.

Pauvres gens sont ceux qui se mettent en grande peine pour éduquer, corriger et réformer le peuple.

Leur parole éparse et rare tombe à travers les habitudes tournées en une nouvelle nature et se perd sous la masse.

Leur parole sévère et rude est écrasée par le poids de l'autorité des séduisans exemples sans cesse apparaissant sur les hauts lieux.

En général, la parole est d'une influence fugitive, tandis que les actes ont un ascendant prolongé.

Or c'est d'en haut que les actes partent et se succèdent à courte distance, se propagent en effets dérivés les uns des autres.

Qu'il y ait une bonne loi? qu'il soit fait un bon choix ? De ce fait seul, de ce fait premier découle une immensité de conséquences analogues.

L'homme est mi-partie, instinctif et imitatif : quand l'instinct a été gâté, dépravé à la suite des révolutions, nulle chance ne reste que par la voie de l'imitation.

On le voit trop en mal : on le verra en bien, quoiqu'en une façon moins vive, moins sûre.

Il n'y a que le prince; et il y a le prince.

Quiconque est posé au-dessus de tous, tient fort à la moralité, et parce qu'il n'a aucun besoin de la violer, et parce que c'est le seul moyen de se consolider.

A défaut de la croyance aux peines de l'autre monde, il faut des supplices : à défaut de la conscience dans les actes de la vie, il faut la contrainte, la surveillance, la répression.

Sans les mœurs, a-t-il été dit, les lois sont vaines d'exécution : avec les mœurs, y a-t-il à dire aussi, les lois sont nulles d'application.

Le prince a le devoir, le vouloir : aura-t-il le pouvoir?

En fait de politique, il arrive communément que d'autant la tâche est nécessaire, d'autant elle est difficile; et qu'étant nécessaire au point extrême, elle devient difficile au plus haut degré.

Ici, ces deux conditions presque incompatibles, se rencontrent manifestement; et que le mouvement vivement imprimé, longuement soutenu, dans le sens du mal, par cela même requiert d'être arrêté ou ralenti avant qu'il aille se perdre dans l'abîme; et que par cela même aussi, il ne manque pas d'opposer une forte résistance, de réduire les efforts à l'épuisement, peut-être d'entraîner, d'emporter en son cours impétueux.

Le prince a été lancé sur la cime périlleuse, par l'éruption soudaine de la vague de juillet, fort à l'improviste mugissant à la surface et depuis long-temps grondant au fond des mers.

Et la vague, chargée au comble d'élémens passionnés, est venue les épandre sur le rivage balayé par sa furie, à des intervalles plus ou moins distans de la cime.

Et la place étant ainsi faite nette, les intérêts enfin parvenus au triomphe, ont eu hâte de se donner en la seule vue de leur sécurité, de leur prospérité, un chef quelconque.

Et ils ont prétendu faire un choix : ils ont osé se faire un mérite de ce choix.

Et dans un accès de niaise vanité, le prince a été proclamé au titre de *quoique Bourbon,* et non de *parce que Bourbon.*

Et ils ont dit, voilà que nous avons fait un roi de notre pleine et libre volonté : alors qu'au contraire, un roi leur était fait par la rude et sèche nécessité.

Et ils ont dit à ce roi, qu'étant sorti de leur fabrique, il n'avait été fabriqué qu'à leur usage (1).

Et ils ont agi en conséquence, tenant leur roi pour le mai-

(1) Bientôt il fut proclamé qu'il fallait faire une révolution sociale, et comme les classes moyennes trouvent la société actuelle *à leur guise*, telle qu'elles-mêmes l'ont faite, on chercha à introduire dans la politique *un autre public*. (*Rapport à la chambre des pairs sur les lois de septembre.*)

tre apparent, et se tenant eux-mêmes pour les maîtres réels du pays.

Et ils ont tant fait, que le pays prend en haîne les maîtres réels, en dédain le maître apparent.

Or cela porte en soi-même, le germe certain de ruine, étant à rebours de ce qui doit, de ce qui peut être.

Il faut un maître : il ne faut pas des maîtres.

Le prince n'a point à être valet d'un bord : il a à se faire serviteur de l'autre.

Passant à travers les quelques ombres dont il est obsédé, il lui faut percer jusqu'en la masse des êtres, dont il est isolé.

Autrement il remplit le double office, et de l'instrument des passions à assouvir, et de l'instrument des sévices à infliger.

Dans le prince, le mobile d'action ; en la masse, le but d'action : entre deux, les moyens d'action. Tel est le seul gouvernement possible.

Qu'il marche et qu'on crie : d'autant que son pas se raffermira, d'autant les cris s'amortiront.

Quand même il n'aurait été fait roi que par la grace plus que divine du scrutin, quand même le trône lui aurait été alloué, à titre de don pur et simple, un mot répond à tout : donner et retenir ne vaut.

Ne serait-ce donc qu'un bandeau d'épines qui lui aurait été posé sur le front, qu'un sceptre de roseau qui lui aurait été mis dans les mains ?

Qui fut fait roi, même à être choisi, dès-lors est roi, à ne plus être révoqué.

Et à quoi servirait d'en mettre un autre à sa place, si en une telle place, nul ne peut tenir ?

Le don pur et simple d'un trône, impose certaines conditions, en l'état présent des choses, aussi nécessaires que difficiles à accomplir.

Voilà que sous le coup de l'ouragan, la couronne a été emportée en des parages lointains, et le trône a été ébranlé jusqu'en ses profondes bases.

Il n'y a point à ceindre la couronne de majesté, sauf que le temps ne vienne en aide : il y a seulement à ériger le trône de fermeté, afin qu'arrive l'aide du temps.

Il y a non pas à éblouir les sens, mais à dominer les esprits ; non pas à imposer le respect, aux gestes, aux paroles, mais à inspirer le respect, par les choix, les mesures.

Par dessus tout, il y a à ne pas laisser ravaler le trône en réalité, tout en l'exaltant en apparence : ainsi qu'en suivant les brisées de 1830, il vient d'être tenté par deux votes consécutifs, sinon conséquens.

L'un qui, à la plus minime majorité, sauf qu'elle ne fût de zéro, enfantée au hasard, à l'aveugle et regrettée sur l'heure, ordonne en souverain, et du renvoi des ministres, et du choix des ministres nouveaux :

L'autre, gros d'infatuation, si c'était que la portée en eût été comprise, qui cette fois à un nombre immense, dit-on, proclame solennellement, *le droit qui appartient à l'état, de rembourser ses créanciers ;*

Ainsi d'un même coup, mettant hors du débat, la partie adverse non entendue, et mettant hors du pouvoir, la pairie, la royauté non écoutées : en telle façon, suivant M. Fonfrède, que la chambre a mis le gouvernement à bas, a rendu intolérable le ministère.

C'est bien le ridicule dans l'absurde.

Cependant, il n'est parlé en ce lieu de l'autorité politique, qu'en ce qu'elle se marie avec la moralité sociale : celle-là agissant à titre de cause ; celle-ci advenant à titre d'effet.

L'homme, surtout après tant de révolutions, s'il est menacé de la verge, s'irrite en silence, s'insurge à l'occasion ; et s'il n'est tenu sous le frein, s'agite dans le vague, s'égare de droite et de gauche, se brise contre l'impossible.

Sous l'empire tant immoral de système, par le seul effet de la compression, les passions s'amortissent, s'éteignent ; et à l'abri du calme, le jugement est rendu aux têtes, le sentiment est restitué aux ames.

Sous la royauté tant morale d'instinct, à défaut de force et de suite, les passions s'émeuvent, se soulèvent ; et au milieu du trouble, le jugement, le sentiment sont retirés à l'homme.

D'autant la tête s'est améliorée, d'autant le corps se détériore; par cela que de la tête au corps, il ne part point une impulsion puissante, il ne s'exerce pas une répression continue.

Même, et là gît la cause essentielle de la ruine, tant l'occasion s'offre belle, que la tentation s'inocule au sein des rangs jusqu'alors les plus purs.

Dieu garde de le nier, qu'alors l'œuvre était facile et qu'à présent elle est difficile, ayant au contraire à guérir de la contagion des habitudes envenimées.

Or, l'intention n'est point d'offenser personne : d'autant que la classe au-dessus n'y étant pas disposée, et la classe au-dessous n'y étant pas préparée, la classe moyenne seule offre au pouvoir, des agens dont à ce titre le caractère doit être ménagé.

Seulement que les uns et les autres se jugent mutuellement, que la masse prononce sur l'élite, et l'élite sur la masse? L'envie d'une part, l'orgueil de l'autre ne manqueront pas de donner la parfaite connaissance de ce qui est.

Généralement parlant, à la suite d'une telle subversion des positions sociales, la statistique morale se confond avec la statistique pécuniaire.

En tête, des actes au moins ambitieux, au centre des erremens au moins avides, ont engendré la hiérarchie des puissances, des influences présentes.

Et d'une part, la coutume suivie de longue main entraîne comme à l'insu; de l'autre, l'exemple couronné du succès, attire sur les mêmes traces.

C'est là, bien que les couleurs en soient quelque peu chargées, que se rapporte le tableau frappant de l'écrivain.

C'est là, que la nécessité commande d'apposer un frein, d'imposer une barrière.

La moralité ne renaît pas, à l'ordre des conseils étrangers, fussent-ils de nature religieuse; dont les principes adoptés de bonne foi, ne sont que trop souvent fraudés dans la pratique.

La moralité ne renaît pas même, à l'appel des vœux personnels, tant l'usage invétéré se laisse rarement refréner par le sentiment appuré.

Seule, l'impuissance matérielle de mal faire, donne la puissance morale de bien faire.

Ainsi donc, qu'à l'instar de Napoléon, le prince ait une main de fer pour tenir le premier anneau de la chaîne gouvernementale, ait un œil de feu pour s'apercevoir à l'instant si tel ou tel anneau subalterne vient à se fausser, à dévier à gauche.

Et que le prince invoque l'opinion à l'éclairer de son flambeau, qui dans les temps de trouble, tourne en la torche de l'incendie, qui au retour du calme, projette des rayons de lumière.

Ici l'erreur est grande, en se disant que le contrôle, la critique des actes publics, privés, paralysent tout moyen d'agir, chez les administrateurs; au lieu qu'il y avait à se dire, en sens contraire, qu'ils offrent au gouvernement le seul moyen de juger quant aux administrateurs.

C'est qu'il y a ce cercle vicieux, de sorte presque inextricable, que chacun ou peu s'en faut, ayant à se couvrir au moins pour le passé, sur certains points trop vulnérables, par une inspiration subite, se transporte en tout autre, et aspire à garantir de ce qui incomberait probablement à soi-même, comme à lui.

C'est que l'état des choses, toute proportion gardée et nulle comparaison sous-entendue, ne laisse pas que d'être analogue à l'histoire des compagnons de Romulus, gens peu délicats d'habitude, qui se métamorphosent en citoyens de la noble république.

Certes, un long temps fut requis à la rénovation des mœurs au moyen des lois; et par grand malheur, en notre ère tellement tempétueuse, le plus bref délai est à peine laissé à l'accomplissement de l'œuvre.

Le monde social arraché à ses bases, détaché de son pivot, suspendu dans le vague, est livré à un tourbillonnement incessant, est emporté et jeté çà et là par quelque trombe survenue à l'improviste.

Sera-ce que de choc en choc, il se brise en fragmens, se réduise en poussière, à peine gardant quelque chance de reprendre l'être en toute autre façon ?

Ou se peut-il qu'il se rasseoie sur ses bases, se rallie à son pivot, modifié dans la forme, et cependant non dénaturé au fond.

Qui le sait, sauf qui sait tout.

En tout cas la rénovation serait comme une création à demi.

En tout cas, il n'y a pas à s'attendre que les élémens froissés, altérés, éparpillés, viennent à se rejoindre d'eux-mêmes, à se raccorder les uns et les autres, à s'harmoniser en un être compacte.

Certes, il faut ou que le doigt suprême ou qu'un doigt puissant, intervienne.

Il faut un *Numa*.

Prince, en prenez-vous la charge, au moins riche de gloire, sinon certaine du triomphe ?

Alors, le premier point serait de perdre la mémoire des temps, se comportant non pas à l'inspiration de l'origine, mais en la contemplation des destinées.

Le second point serait de ne prendre peur de personne, se garantissant à ce moyen, que tous se tiendront en crainte, en respect.

En ce lieu, il est à dire de hautes et fortes vérités, vérités de devoir pour qui les présente, vérités de salut pour qui les accueille.

Dès l'origine de l'ère ouverte en 1789, et dans le cours de ses phases diverses jusqu'au point où elle est rendue, comme si un je ne sais quel morne soupir de conscience suggérait qu'il avait été fait un mauvais coup, constamment a régné la peur, compagne assidue du remords éprouvé, du reproche attendu.

C'est le siècle de la peur : et ce semble, il n'est écoulé qu'à moitié encore.

Massacres de septembre, asssassinats du roi et de la reine, meurtres par le fer, le feu et l'eau, suicides au sein de la convention, mise hors la loi des émigrés, des prêtres, ravages et incendies en la Vendée : ce fut imposé par la peur.

Et tous les actes quelconques du directoire, et cet acte le plus hideux, le plus odieux de l'empire, tel qu'aux temps de la barbarie, il n'eut jamais son pareil, l'acte de Vincennes: ce fut commandé par la peur.

Et dans une phase contrastante, où un tel sentiment ne se rapportait point à la personne même, était comme justifié par l'aversion des mesures répressives, combien ne se rencontre-t-il pas d'actes auxquels la peur seule était de force à résigner le cœur.

Et sous la phase de juillet, qu'est-ce donc que ces menaces de guerre, ces tentatives de propagande, cet appareil d'armemens, puis cette obligation du serment, cette épuration des offices, cette persécution de l'église, enfin ces lois décorées par leurs auteurs du titre d'intimidation, sinon pour renvoyer ailleurs, la peur qui tourmentait en l'ame?

Toujours la peur, partout la peur.

Or, en un tel siècle où on n'attaque que le faible, où on ne défend que le fort, où le plus immense risque n'est bravé ni par le devoir, ni pour l'intérêt, la peur fait le péril.

Au lieu de se laisser souffler la peur par les autres, qu'on se mette à souffler la peur aux autres.

De même qu'il eût suffi d'un souffle de peur, à lancer de rue en rue sur les ailes de l'obus, dans les premières vingt-quatre heures des trois journées, dites glorieuses, à part de la gloire des combats; de même à cette heure, il suffirait d'un souffle de peur, à balayer au plus loin, tous obstacles, tous embarras.

Il faut un roi à ce peuple, mille fois plus qu'il ne faut un peuple à ce roi : voilà le mot.

Le peuple et le prince ne font qu'un.

Seulement il y a à se garder des gens qui se faufilent entre eux, qui s'ingèrent de l'un à l'autre, qui suscitent le divorce.

Ce n'est pas qu'il y ait à réprimer les mouvemens du peuple, masse informe, inerte, qui ne s'ébranle qu'après qu'elle a été enflammée par l'irritation, qu'autant qu'elle est dépravée par la contagion.

C'est plutôt qu'il y a, d'une part, à prévenir les écarts de la loi, les abus du pouvoir, qui portent l'irritation, et de l'autre à réprimer les funestes habitudes, les sinistres exemples qui sèment la contagion.

Eh! qu'on cesse enfin de confondre l'effet avec la cause, de se garder des conséquences au lieu de se garantir du principe.

Jadis une première révolution, naguères une seconde révolution, bientôt une troisième révolution !!! Le pourquoi en a été dit à temps de prévenir la seconde, est redit à temps de prévenir la troisième.

« Or, ce qu'ont fait nos pères, il ne faut pas le faire. Furent-ils avides et ambitieux? ne le soyons pas. Furent-ils orgueilleux et hautains? ne le soyons pas. Furent-ils intrigans et flatteurs? ne le soyons pas.

« N'y avait-il jadis que de l'égoïsme? Maintenant qu'il n'y en ait plus du tout. » (*De la septennalité*, 1824.)

Qu'on y songe! l'abîme se creuse de plus en plus; la pente décline de plus en plus.

Qu'on y songe! le siècle venu à la suite de l'âge de fer, et au mieux dénommé l'âge de plomb, est tout-à-fait inepte à aimer, incapable d'apprécier, est à peine apte à haïr, capable d'improuver.

Dégradation des esprits, dépravation des mœurs, vont à l'unisson, vont à l'extrême.

Boue façonnée en borne : voilà le siècle.

La lâcheté dite amicale, perd : la hardiesse dite ennemie, sauve.

Or ici parle qui manque d'aimer autant que de haïr, qui jamais n'aima au point de perdre, qui jamais ne haïrait au point de nuire.

Ici parle, qui n'est pas des amis de tout temps, ni des valets du jour, ceux-là trop enclins à se tromper, comme ceux-ci à tromper, qui ne se donne pas de cœur dont la fatalité ne dispose à son caprice, mais s'adonne d'esprit auquel la nécessité impose les lois.

Ici parle, qui s'est dit et a dit tout d'abord :

« La révolution politique est effectuée : et le temps seul, en le laissant à lui-même, a le droit, a le pouvoir, ou d'améliorer et consolider, ou, à défaut, d'abattre et reconstruire.

« La révolution sociale est imminente : et l'individu, tel qu'il soit, n'a pour tâche, pour règle, que de prévenir, attendu qu'il n'y aurait plus à réparer.

« A peine importent les révolutions politiques, qui n'altèrent que les formes, qui n'opèrent qu'à la surface : au lieu que les révolutions sociales pénètrent jusqu'au fond, bouleversent le sol même.

« Et c'est là où l'on va : d'autant plus vite qu'on ne le voit pas, qu'on ne le veut pas. »

EXTRAIT DES MŒURS POLITIQUES.

Ne me parlez pas ni de la constitution d'un état où il y a toujours à refaire, ni d'un gouvernement qui se brise à tout instant dans la main des peuples; nous renverrions à l'horloger mal habile la montre qui n'aurait pas de meilleurs ressorts. Oh, la belle machine politique que règlent sans cesse le caprice et la mauvaise foi! Rare prodige que nous devions tant admirer, et qui n'a non plus forme de gouvernement que nous n'avons nous-mêmes face et vertu de nation. Trève, s'il vous plaît, de complimens et d'hypocrisie! montrons-nous tels que nous sommes dans le fond, race cupide et insatiable, gens d'intrigue, cabaleurs de profession, ne prisant que le vice, n'honorant que la richesse, nous prostituant pour un emploi, pour un titre, pour un bout de ruban; criant à qui nous veut ouïr que l'esprit humain est en marche, et reculant à toutes jambes jusqu'au bas-empire. Capables de briser en un jour, trône, rois et dynastie, voilà que le lendemain, aux pieds d'un maître, nous revenons de nos fureurs comme de colère d'enfant. Qui ne nous a pas vus constamment opposés à nous-mêmes, appelant à notre secours la raison et décidant de tout par la force, posant des principes et niant leurs conséquences; toujours prêts à nous débarrasser de cette fange impure qui s'élève à la surface de la société, et ne comprenant pas que la nation elle-même finira tout entière par se résoudre en écume?

C'était aux jours de la terreur, une prophétie répandue dans le peuple, que l'on monterait bientôt en France sur les plus hauts clochers pour apercevoir un chapeau. Cette prédiction se trouverait juste maintenant pour peu qu'il s'agît du chapeau d'un homme de bien.

Il n'est peut-être pas de signe plus certain de la décadence d'un empire, que cette vaine subtilité d'esprit qui vient comme la rouille consumer les peuples au déclin de leur vie. La raison perd toute sa clarté, l'intelligence s'égare dans un inextricable labyrinthe de sophismes et de tracasseries, et ne trouve plus pour en sortir que des chemins sans issue. Tantôt c'est la religion, tantôt c'est la politique que gâte le petit esprit. Il dénature nos plus belles croyances, il se mêle à toutes nos opinions pour les pervertir; et ce que l'on prend pour des progrès n'est que l'état violent et désordonné d'un peuple qui a déja perdu le contre-poids moral de ses sentimens. Alors nous tombons dans la sottise et la puérilité, dans une manie d'absurdes théories et de définitions plus absurdes encore; nous sommes ou des Grecs qui disputent sur la lumière du Thabor, ou des Français qui se perdent dans les arguties de la *gouvernementabilité*.

Notre foi constitutionnelle a aussi ses casuistes qui la corrompent par des questions oiseuses. Elle a ses dévots et ses fanatiques, qui nous font du bas-empire avec l'insoluble pondération des trois pouvoirs, comme on en faisait à Constantinople avec le dogme de la Trinité. Qui a assisté au vote quinteux de nos lois et de nos budgets, qui a vu de graves orateurs disserter sur la légitimité et la quasi-légitimité, sur le dogme monarchique d'un roi qui règne et ne gouverne pas, se quereller pour un mot, pour une conjonctive, pour un point ou une virgule, tandis qu'ils laissent de toute part démolir nos institutions et nos libertés, ne doit plus s'étonner de la folie de ces Grecs schismatiques plus occupés d'embrouiller un point de doctrine que de sauver l'empire.

Rien n'avance plus la dissolution d'un empire, que ce continuel changement de princes, qui déshonore la vieillesse des peuples. La politique se réduit toujours à une question d'hommes, lorsque le cœur cesse de battre sous l'influence des sentimens généreux, et il n'en faut plus attendre aucun soulagement. Hier encore, la restauration nous imposait ses petites dévotions, son régime étroit et superstitieux, que l'on eût pu prendre pour la bigoterie des Paléologues; ce sont aujourd'hui de nouveaux sophistes, plus audacieux et plus criminels, qui nous font, à leur tour, passer par d'autres impostures et une autre démence.

Mais les princes, ressemblassent-ils tous au vieux Andronic Comnène, le Néron des Grecs, ne sauraient long-temps résister à ces violentes secousses de l'esprit humain en délire. La couronne va se brisant en France dans les mains de tout le monde; nous verrons par la suite les règnes encore plus courts, et les tombeaux toujours plus rares à Saint-Denis. L'histoire marque ainsi la fin de ces vieilles sociétés repues de civilisation, de ces peuples livrés aux témérités de l'esprit, hébêtés de science, dépourvus de sentimens, blasés sur toutes les vanités, devenus également incapables de commander et d'obéir. Chez les Grecs du bas-empire, on désignait par quelque surnom particulier les princes qui naissaient dans le palais impérial; bientôt il faudra créer en France un autre titre pour ceux qui auront le hasard de mourir sur le trône.

Durant le cours d'une longue agonie, les Grecs avaient si bien fixé leurs regards vers le ciel, qu'ils les en détournérent à peine pour voir tomber Constantinople. Des querelles religieuses absorbaient toute l'attention de ces peuples, la théologie était devenue leur rêve de mort. Voilà de grandes misères sans doute ; on croit avoir tout dit en nommant le bas-empire, et cependant l'esprit de vertige dont nous sommes tourmentés n'a pas même l'excuse d'une aussi généreuse erreur. Notre religion à nous c'est l'argent, c'est l'égoïsme ; nous n'avons en vue que des intérêts matériels, nos débats ne portent que sur l'orthodoxie financière. Lorsque les mystiques de perfectibilité parlent de progrès et d'améliorations, souvenez-vous qu'il n'y a dans le fond de leur ame ni une conviction ni une seule pensée morale. Il en sera bientôt en France de la pauvre liberté comme de la religion chez les Grecs, où l'on ne cherchait qu'à l'embrouiller par toute sorte de controverses et de subtilités. Ne voyez-vous pas de même la foi libérale interprétée par les plus lâches suppôts de la tyrannie ; et ceux-là se croire infaillibles, qui, sortis de l'embuscade révolutionnaire, n'ont fait grace à leur malheureuse patrie ni d'une trahison ni d'un assassinat ? Insolens rhéteurs d'une époque de corruption, ils se plaisent à faire aussi contre le bons sens une guerre de controverse et d'écritoire ; ils ont, comme les dévots, leurs gloses et leurs explications pour tout obscurcir et tout dégrader. Non, nous ne valons pas mieux que les Grecs d'Andronic ou de Justinien !

Et je n'oserais proclamer la décadence de ma patrie ! Et l'on me ferait un crime de comparer nos misères avec les misères du bas-empire ! Mais là, du moins, je trouve encore des hommes, un Bélisaire, un eunuque Narsès qui seul effacerait tous nos eunuques politiques. Cherchez donc parmi nous de pareilles renommées, et surtout des gloires aussi pures !

Allons, courage, hommes de ruine et de destruction, briseurs de principes, démolisseurs de sentimens! allons, poursuivez votre tâche, obéissez à votre instinct fatal! Et si la hache acérée du progrès ne suffit point à votre impatience, faites jouer la mine de quelque conspiration nouvelle, d'une de ces révolutions de palais qui ouvrent la brèche à tous les crimes et laissent partout l'infamie planter son drapeau. J'en atteste juillet et sa grande semaine, où le sang du peuple fut si généreusement versé! Que lui reste-t-il de ce beau triomphe, sinon d'avoir encore été dans des mains perfides le coin dont on se servit pour pénétrer au pouvoir et frapper au cœur la liberté? On nous a ceints du bandeau qui aveugle les rois, c'est la seule part de souveraineté qu'on ne nous conteste point. La corruption, semblable au déluge, a ouvert de toute part ses homicides cataractes; elle submerge la société dans un océan des crimes et de lâchetés, elle l'engloutira tout entière. Il n'y a plus pour nous sauver ni cèdres ni montagnes; la honte et le déshonneur ont atteint les hauts lieux, l'infamie couvre de sa fange impure les dernières cimes de l'ordre social........

Gloire, liberté, patriotisme; tout est aujourd'hui mensonge et comédie de démons; nous ne semblons avoir des chefs que pour nous tromper, et des institutions que pour nous avilir. C'est à qui prendra rang dans l'état, pour se vendre et nous vendre en même temps; il y a un besoin de trahir qui saisit tout cœur d'homme et corrompt toute politique, une soif de richesses qui fait incliner le pouvoir à toutes les infamies. Peu de gens en sortent qui ne laissent auprès eux une longue trace de sang et de boue.

Frémissez d'épouvante, vous qui avez pesé l'honneur et la probité de nos hommes d'état, vous qui connaissez les maximes secrètes de leur politique et le point du départ de leur élévation. Nul frein ne saurait enchaîner leur impudence. Il passeront des ateliers de la révolte dans les arcanes du despotisme, des manœuvres de la sédition aux artifices de la tyrannie, cherchant toujours au fond d'un complot de l'argent et du pouvoir.

La première et la meilleure part une fois adjugée, c'est ensuite à qui jettera sa main au milieu du pillage pour la remplir. L'un, au hasard, trouve une épaulette, l'autre une direction, l'autre une préfecture ; titres et croix servent d'appoint seulement. Bref, il n'est si mince compagnon de la basoche, si petit cathédrant de collége, qui ne finisse par emporter dans les plis de sa robe, ministère ou pairie.

Nous avons vu ces irréconciliables ennemis du passé, tout éblouis de l'éclat du pouvoir qui reluit en leurs mains honteuses, ne s'occuper d'abord qu'à maintenir pour eux-mêmes ce qu'ils regardaient naguère comme de vils et odieux priviléges. Nous les avons vus se partager les dépouilles opimes de la France, et la flétrir de leur aristocratie mercantile et paperassière. Ils ont trouvé commode de rentrer par la porte dérobée dans le vieil édifice monarchique, se couvrant à leur tour des ais vermoulus de sa fastueuse grandeur. Parlons aussi de trône, ont-ils dit, de sujets et de très chrétienne majesté ; parodions la foi, parodions le sentiment, faisons grimaces de gens de bien, personne ne nous reconnaîtra. A toi cette ambassade, à moi ce ministère, à celui-ci des millions, à celui-là un gouvernement, à nous tous fortune et pouvoir, et vive la France !

On ne voulait nous donner qu'une révolution de palais, et l'on a tenu parole. C'était chose convenue, du reste, que nos *bleus* n'éviteraient aucun des reproches qu'ils avaient adressés aux *verts ;* que nos tricolores, pour parler franc, ne rempliraient aucune de leurs promesses. Mais le peuple n'a point oublié les redoublemens de tendresse qu'on lui témoignait à la veille d'une révolution, ni les espérances de bien-être et de perfectibilité dont on l'enivrait, et ces terribles doctrines restent là comme un faisceau de tempêtes nouvelles suspendu sur la tête du pouvoir.

Tout est parmi nous tour de gibecière et prestige d'escamotage. Vous avez vu sortir de dessous le gobelet enchanté, avide d'usurpation et de tyrannie, l'homme populaire qui venait d'y entrer le bonnet de la liberté sur la tête; vous en avez vu sortir, rapace et cruel, celui qui ne voulait, disait-il, que le bonheur du peuple, et ne parlait que de modération et de justice. Et quand le moment est enfin arrivé de mettre à l'épreuve ces puissantes institutions qui devaient pour jamais garantir nos droits et nos libertés, il n'y avait plus en leur place que lois d'exception, impostures légales et fraudes politiques.

Vous plaît-il de suivre jusqu'au bout cet esprit de fascination? Parcourez nos assemblées publiques, entrez dans nos colléges électoraux, et, vous mêlant à la tourbe libérale, tâchez d'observer l'un après l'autre chaque citoyen privilégié qui va fièrement déposer son vote. Tous s'accordent à vanter l'importance de leurs droits et la sainteté de leur mission, tous prétendent, la main sur la conscience, faire choix d'un député patriote, loyal et incorruptible mandataire; et cependant, l'urne toute cachetée passe sous le fatal gobelet, et il en sort, ô prodige! un de ces noms odieux qui vont encore à Paris publier la honte des électeurs.

A parler clair, en un mot, et pour qui veut entendre, nous ne rencontrons plus en France qu'un peuple corrompu, livré à ses intérêts, ennemi de sa propre gloire, fauteur et complice de toutes les trahisons dont il est la vic time dévouée. Sans doute, on a beaucoup fait, depuis trente ans, pour perdre cette triste et malheureuse société, mais il appartenait au gouvernement constitutionnel de lui porter le dernier coup.

Oui, je le déclare, il faut désespérer de la chose publique, si notre salut ne doit venir que du bienfaisant régime de l'urne et du scrutin constitutionnel. En l'état piteux où nous a réduits le monopole de l'élection, je défierais le plus habile tyran d'ajouter à notre misère. Quel autre vote que celui de nos députés pouvait nous mettre à la merci d'un joug odieux? Et qui donc a fait ces mandataires infidèles, sinon le vote encore plus coupable des électeurs? Tant il y a que la majorité docile et complaisante du Palais-Bourbon n'atteste que trop la majorité corrompue des colléges électoraux. Qu'importe, en effet, à des hommes avides où siége le soi-disant élu du peuple; qu'il coure marquer sa place derrière le banc des ministres ou derrière celui des huissiers, qu'il se fasse centre, qu'il se fasse ventre et nombril, pourvu que sa prostitution tourne a leur profit?

Montrez-moi, je vous prie, le candide citoyen qui, fort de son honneur, estime que les députés se font encore au cri de la conscience, pour leurs vertus, pour leur noble et beau caractère, comme autrefois les Romains prirent Cincinnatus à la charrue. Oh! la robuste foi vraiment, qui s'imaginerait qu'on ne les entretient à l'oreille que du bonheur du peuple, qu'on ne leur recommande que des choses honorables, qu'on ne leur prescrit d'autres devoirs qu'envers la patrie! On veut un député libéral, soit; mais on veut aussi qu'il intrigue : on prise fort son indépendance, mais on fait encore plus de cas de sa souplesse. Il faut, pour être bon, que notre candidat ait déja porté livrée, qu'il soit connu du suisse des finances, et puisse, au besoin, forcer une consigne. Alors on le pousse de son mieux, on fait voler son nom de bouche en bouche, et il réussit par les soins et les trémoussemens de quelques hobereaux de comptoir, qui les premiers ont crié : *part*. Ou la chambre élective renferme dans sa majorité l'élite du peuple français, et quel peuple, grand Dieu! ou elle n'est que le fruit d'un odieux monopole; et que penser alors du gouvernement constitutionnel?

Admirez maintenant cet heureux accord, cette vive sympathie qui règnent entre la capitale et les provinces! Nobles et généreux procédés qu'on ne saurait louer assez haut. En échange du milliard dont elles emplissent chaque année le trésor, nous fêtons de notre mieux leurs mandataires fidèles, et nous les renvoyons aux départemens, titrés et enrubannés, frottés de cour et pourvus de bons offices. On les tire pauvres du magasin, mais ils retournent en peu de temps riches et superbes. Il ne s'agit que de connaître la bonne recette. Un industriel dont on aura mis les fournitures au rebut, change bientôt, le mandat de député à la main, la qualité de ses marchandises, et convertit en or ses draps ou son fer. La faveur ministérielle tombe sur sa maison comme une douce rosée; les commandes pleuvent de toute part, ses ateliers ne ferment ni jour ni nuit. Pour être fantasque et bourrue, la langue de cet avocat n'en va pas moins droit au but; et ses sifflemens de vipère ont appelé déja sur lui richesses et grandeurs. Les muets eux-mêmes font de l'éloquence à leur manière, et trouvent aussi moyen d'arrondir leur fortune.

Et le peuple ne s'aperçoit pas que sa poche se vide à ces beaux marchés; qu'on achète de ses propres deniers ceux qui ont charge de le trahir, et qu'ils ne doivent, pour première condition, lui laisser ni pain, ni liberté! Comment se fait-il que la France, en cette ère de progrès et de perfectionnement, subissant chaque jour de nouvelles transformations, n'ait pu se créer encore de bons organes, capables de manifester ses rares facultés? Toujours au creuset, toujours en fusion, sans cesse maniée et remaniée, son sort pourtant n'en devient pas meilleur. Ce qui était dessous passe dessus; ce qui était pieds et jambes devient tête et poitrine, sans que l'État paraisse y gagner beaucoup. Les empires supportent difficilement de si longues et si violentes convulsions, et la vie d'un peuple finit par s'éteindre dans les plus belles expériences.

Pauvre nation! qui ne rêve que progrès et liberté, qui chasse ou tue les rois qu'elle épouse, et ne peut rester veuve un seul jour. Nation insensée! que nous avons vue tour à tour ériger en dogme et la démocratie et le despotisme, et la Charte; puis la légitimité, puis la quasi-légitimité, de même à peu près qu'une balance à demi-renversée figurerait la justice. Qui donc oserait dire que le dévouement ou les convictions nous manquent? N'en avons-nous pas eu par tous les régimes, au contraire, et pour toutes les volontés; pour la tyrannie comme pour la liberté, pour la terreur comme pour la clémence? Toutes nos doctrines ont en vue le crédit et la fortune, il y a au fond de chaque opinion une recette générale, une préfecture, un ministère. On place aujourd'hui de l'argent sur tout, même sur les complots; et les emplois ne se donnent qu'aux hommes de bonne composition, qui savent d'avance ce que rapportent les déménagemens du pouvoir. Nous vivons au milieu de gens qui pensent que l'homme n'a une ame que pour aller à la bourse ou pour prêter des sermens; véritables automates, dont le principe mécaniqne est de fonctionner pour tous les gouvernemens et d'acquiescer à toutes les volontés souveraines. On leur fera de la même main brûler le drapeau tricolore ou le drapeau blanc, plumer l'aigle ou effeuiller le lis; on les inclinera à droite, on les inclinera à gauche, on les drapera en Romains ou en pénitens, en Brutus ou en enfans de chœur. Il n'y a rien d'impossible pour leurs membres d'osier, tant de fois tordus, pliés et contournés. Que le suisse en hallebarde reparaisse aux portes des Tuileries, et vous les voyez accourir d'abord, quelle que soit la couleur du drapeau qui flotte sur le pavillon de l'Horloge. Ainsi vont les choses en France, depuis que cet empire, destitué de sentimens et de convictions, marche sans boussole, et ne souffre plus lui-même au pouvoir que des mannequins politiques.

Ne vantons pas si haut cette apparente modération qui empêche les partis de mesurer leurs épées; nous n'échappons à la guerre civile que par la faiblesse et la lâcheté de notre caractère. Le moyen de se battre lorsque tout le monde se vend, lorsque nos guerriers eux-mêmes font si bon marché de leurs sentimens et de leur cocarde? On peut tenter un coup de main, dépenser le sang du peuple à quelque boucherie, mais la vertu manque pour aller au-delà. Honneur, dévouement, courage, vieux et gothiques préjugés! Nous courons à la fortune par de tout autres chemins. Le lendemain d'une révolution, c'est à qui tournera le dos au peuple pour faire croire qu'on ne lui doit rien; la mode peut venir d'insulter même la liberté, et personne ne s'y épargnera. Vous ne voyez aujourd'hui que banquiers en deuil du *maximum* qui fit leur fortune, que vieux soldats de *royal-cravate* ou de *royal-allemand* railler cette république qui les mit à la tête des armées. Ils changeraient volontiers de rôle, et voudraient qu'on les prît pour de nobles victimes de quatre-vingt-treize; apparemment comme *Beaumanoir*, qui se glorifie des désastres de sa famille, et ne dit pas que son frère fut guillotiné pour fausse monnaie. Il était bien de la même espèce cet officier général qui, au bruit de juillet, faisait partir son aide-de-camp avec deux lettres différentes, l'une de fidélité pour Charles X, dans le cas où on le trouverait aux Tuileries, l'autre de dévouement à la révolution qui serait installée à sa place. Encore un coup, faites la guerre civile avec de tels capitaines! Nous sommes devenus décidément gens de ruse et de fourberie; nous voilà Grecs, nous voilà Italiens, sauf l'honneur, toutefois, d'avoir jamais été des Romains.

N'espérez plus rien d'un peuple où les honneurs, les charges, les dignités, laissent à celui qui les obtient une mar que de réprobation, où l'on n'a volontiers besoin pour noter un homme d'infamie, que de le savoir en crédit et sur la voie de la fortune. Ignore-t-on, en effet, que le patriotisme et la vertu sont précisément ce qui nous sauve de la bienveillance du pouvoir? Heureux le misanthrope, qui aura traversé cette époque de honte comme on traverse un cloaque ou un égout, marchant sur la pointe du pied, relevant le pan du manteau, craignant de se salir à tous les gouvernemens qui se succédaient. Chacun de ces gouvernemens prétendait avoir raison contre lui, et c'est lui qui d'aventure se trouve avoir eu raison contre eux tous. Je ne connais qu'un homme dans le vrai, celui qui hausse les épaules aux plus belles promesses, maudit le présent et désespère de l'avenir. Nous faisons de si rapides progrès, que c'est à peine si nous pourrons bientôt placer le pied au milieu de nos institutions en ruine, et nous reconnaître parmi les débris sanglans dont la terre est jonchée.

Il n'y a selon vous, qu'un esprit chagrin qui puisse refuser son admiration à tant de patriotes célèbres, à tant de libéraux de *vente* ou de *comité directeur*, dont les noms remplissent encore nos cités ; et moi, je vous déclare que, depuis vingt ans, la France n'a pas eu de plus grands et de plus déliés comédiens. Vos stupides éloges ne les sauveront ni de la flétrissure des renégats, ni de la honte d'avoir lié et garotté leur malheureuse patrie.

Aussi au rivage, j'ai vu croître et s'élever le flot tumultueux des imposteurs, et je m'imaginais que ce débordement de mauvaises passions, tôt ou tard réprimé, laisserait enfin arriver les honnêtes gens. Mais, comme le paysan de la fable, qui, pour traverser une rivière, attendait qu'elle eût cessé de couler, j'attendrai long-temps encore, je pense, que le torrent de l'intrigue et de l'hypocrisie soit à sec.

Il n'est point d'empire maintenant descendu dans la tombe, que nous n'accusions de sa propre ruine ; et pourtant ces peuples, qui ne vivent plus que dans l'histoire, croyaient comme nous à l'infaillibilité de leur science, posaient comme nous des principes, et bâtissaient encore des doctrines le jour de leur mort. Ils s'imaginaient ainsi que tout allait le mieux du monde, et ils prenaient pour une époque de force et de jeunesse les dernières convulsions de l'ordre social expirant. Devons-nous donc estimer notre erreur moins grande, parce qu'elle se repaît d'autres illusions?

Plus de controverses sur le dogme, disons-nous, plus de querelles de religion ; notre société, fondée sur le commerce, ne connaît que les heureuses disputes de la libre concurrence, elle ne se fera désormais qu'une guerre d'agiot et de banqueroute. Or, cette guerre est utile, elle sert à entretenir la circulation des richesses. Stimulons l'avarice et la cupidité, mettons aux prises les intérêts; toute blessure que reçoit l'honneur est une noble blessure lorsqu'elle mène à la fortune.

Mais notre vieille France ne manquait point apparemment de bonnes raisons pour surveiller les progrès de l'industrie. Une haute expérience lui avait appris que l'égoïsme et la cupidité ne peuvent être, sans périls, livrés à leurs propres conseils, et elle s'attachait à relever, dans leur propre estime, ces professions laborieuses, d'où l'esprit mercantile a banni les sentimens d'honneur et de justice. On ne leur permettait ni d'emporter d'assaut les richesses, ni d'entourer de ruines le temple de la Fortune; on ne s'était pas encore avisé qu'une plus haute industrie dût commencer par dévorer toutes les industries rivales qui lui font obstacle. Mais qu'importent, après tout, ces maximes ou ces conseils? Nous avons exprimé jusqu'à la lie les dernières conséquences de notre transformation sociale, nous devons en subir la terrible destinée.

Pour louer notre siècle et faire croire à la supériorité de sa raison, on est dans l'habitude de comparer l'ancien et le nouveau Paris, ses embuscades et ses bruits nocturnes d'une autre époque, avec la tranquillité dont il jouit maintenant. Mais on ne dit pas à quels incroyables efforts nous devons cette apparence d'ordre, ni ce qu'il en coûte pour maintenir la règle et figurer en France des mœurs publiques. Si Paris n'avait comme autrefois, pour le garder, que ses faibles escouades du guet, Paris ne serait plus tenable de nos jours. Il lui faut actuellement, sous peine de désordre, une armée d'archers et de sbires, des gendarmes, des gardes municipaux, des sergens de ville; police grise, police bleue, mouchards de nuit et mouchards de jour;

sans parler de ces cent mille hommes de garde nationale, et des nombreuses légions de la ligne continuellement en armes et sur pied. L'office de ces troupes, il est vrai, ne se borne pas toujours à assurer le repos des citoyens; elles ont charge encore d'appuyer les volontés du pouvoir et de le placer au-dessus de la contradiction. Mais cette violence même est d'un funeste présage, l'ordre social ne saurait long-temps vivre l'épée au poing.

Bien que le pouvoir ait, en France, une rare habileté pour préparer lui-même sa chute, nous devons cependant peu compter sur le bonheur d'un peuple où il n'y a lois, trône ou constitution qui durent ensemble plus de dix ans. Ce n'est point de notre part la preuve d'une haute civilisation, que d'obéir sans cesse aux mobiles caprices des partis; ce n'est pas un signe de progrès que de changer à tout instant de politique et de gouvernement. Il y a dans ces soudaines et continuelles révolutions du pouvoir tous les avant-coureurs de la barbarie.

Les sociétés vivent sous l'influence de certains principes mystérieux, qui sont comme une des conditions nécessaires de leur existence. Du moment où un peuple, déchirant ce voile sacré, prétend sonder tous les secrets de l'ordre social, il n'est plus pour lui ni paix ni trêve. Que nous importe, en effet, de savoir comment se font les riches, les grands, les rois, s'il n'en doit résulter que dégoût et indignation? à quoi bon une curiosité qui ne laisse que des souvenirs de honte et de bassesse? La belle chose d'avoir vu la vente de Charles X affichée, comme après décès, sur les murs de sa capitale, et les Belges renvoyer au bureau des renseignemens les pétitions des princes qui s'offraient à les gouverner! Cette leçon a-t-elle porté ses fruits? en sommes-nous plus libres et plus heureux? Le pouvoir seul, hélas! met à profit ces tristes lumières; il devient toujours plus absolu à mesure que se détruisent les fictions de l'ordre social, jusqu'à ce qu'il arrive enfin au despotisme, qui n'est que le pouvoir sans prestige et sans illusions.

Voilà comme il le faut, du reste, à des peuples blasés sur la civilisation, avides de richesses et de nouveautés, pleins de mépris pour les pensées généreuses qu'ils regardent comme des *idéalités*. Leur ame de citoyen, desséchée par une longue vie sociale, croit être apparemment en progrès de tout ce qu'elle a perdu de chaleur et de sensibilité, et ne trouve plus d'admiration que pour ce froid esprit d'analyse qui a, dans tous les temps, marqué le retour à la barbarie. Les sociétés se constituent sous l'influence toute divine des sentimens, parviennent au dernier degré de prospérité par une heureuse combinaison de ces sentimens avec l'intelligence, et se perdent ensuite par les subtilités de l'esprit et l'exagération du savoir. L'ivresse des lumières ne leur est pas moins fatale que la plus épaisse ignorance; le ciel a mis à côté de tous les excès un tombeau.

Ne serions-nous destinés, dans l'ordre de la Providence, qu'à instruire les autres peuples par nos témérités et nos déportemens? N'aurions-nous mission que de leur montrer, dans toute sa turpitude, l'état funeste d'une société qui fait folie de son esprit? La France, comme un homme ivre, chancelle et marche à l'aventure; un faux pas la jette dans la superstition, un faux pas la conduit à l'athéisme; qu'on la relève d'un côté, elle tombe de l'autre. C'était hier le bât des jésuites qu'elle portait, c'est aujourd'hui l'attache d'une autre hypocrisie. Toutes mains désormais semblent bonnes à gouverner. Voici maintenant le tour des hommes d'affaires, on ne verra plus que courtiers de trahison et brocanteurs de parjure : pour le corps social, c'est la bile passée dans le sang. Notre époque enseigne, comme maxime souveraine, que l'on ne saurait gouverner avec les honnêtes gens ! Hâtons-nous de le dire, jamais principe ne fut mieux suivi.

Lorsque je suis venu au monde, de nobles convictions remplissaient encore le cœur de l'homme ; la sincérité, la bonne foi étaient en estime, le désintéressement passait pour une vertu, le serment engageait à quelque chose. Mais peu de jours se sont écoulés, et déja l'on nous montre une *France nouvelle*, c'est-à-dire un peuple d'une autre espèce, artificieux, égoïste, cupide, moqueur, prenant en pitié les vieilles croyances, et n'accordant foi qu'aux richesses. Encore un pas, et la France aura fait son dernier progrès ! C'était bien en vérité la peine de jeter par la fenêtre nos lois, nos mœurs, notre religion, pour ne mettre à la place qu'un régime de honte et de déceptions.

Faisant suite aux écrits :

LA ROYAUTÉ POSSIBLE.

LA SOCIÉTÉ POSSIBLE.

DE L'OPINION.

LA RAISON DES TEMPS.

Imp. d'A. Pihan de la Forest, [illegible] des Noyers, [illegible]

www.ingramcontent.com/pod-product-compliance
Lightning Source LLC
LaVergne TN
LVHW010304230826
846091LV00007BB/2706

9782011786906